l'enfer des concerts

ZEP

humour libre

isbn 2-8001-2856-9 — d.1999/0089/119
dépôt légal : octobre 1999.

imprimé en belgique.
www.internity.com/zep

with a little help from my friends
jacques-olivier holzer,
jean-gabriel biondo,
nunzia moscarino,
laurent.

photos :
thierry zufferey

ROLLING STONES
TDK
JOE SATRIANI
JONATHAN MOVER & STUART HAMM
HIPPODROME DE VINCENNES
SAMEDI 21 SEPTEMBRE 1991 A PARTIR DE 15 HEURES
Sheryl Crow
CLASH
PALAIS D'HIVER
JEUDI 29 MAI 1980 - 20 heures précises
40 F
Nº 00563
WERCHTER
ZATERDAG 13 MEI 1989
BRUCE SPRINGSTEEN
JUNE 15 1992
STOCKHOLM WORLD PREMIERE
EAST GALLERI
Sony / VIP
Bob Dylan
Peter Gabriel
Special Guest: YOUSSOU N'DOUR
JOHN COUGAR MELLENCAMP
THE PRETENDERS
Supporting act: THE WATERS BOYS
Samedi 9 juin 1984 à 20h.30
HALLE 32
PALAIS DE BEAULIEU
24 F.
001004
DAVID LEE ROTH
ERIC CLAPTON
VENDREDI 21 AVRIL 95 20H
PARIS-BERCY
KISS
BON JOVI
HALLENSTADION ZÜRICH
1. Rang rechts
PRINCE
THE CONCERT FOR HUMAN RIGHTS NOW!
Nº 08698
JIMMY CLIFF
20 juin 1984 à 20h.30
PATINOIRE DES VERNETS GENÈVE
Invisible Touch Tour
GENESIS
POGUES
BLACK SABBATH
DIRE STRAITS
Live in 85
THE POLICE
AU PALAIS DES SPORTS DE LYON
MARDI 8 AVRIL 1980 21 H.
The Stranglers
EURYTHMICS
MARDI 11 NOVEMBRE 86
PALAIS DES SPORTS DE LYON
Nº 01522
Depeche mode
WORLD VIOLATION
Blick
BRUCE SPRINGSTEEN
GIRLSCHOOL
THE GLASSPIDER TOUR

barrières.

DANS UN CONCERT ROCK, IL FAUT ÉVITER LE PREMIER RANG...
LADIES AND GENTLEMEN...
BRUCE SPRINGSTEEEN
J'AI QUELQUES SOUVENIRS : DYLAN EN 96...
OASIS...
NEIL YOUNG (JE RATTACHAIS UN LACET)...
... MAIS ON NE ME LA FAIT PLUS.
COMBIEN LE COSTUME DE ROBOCOP ?
... C'EST POUR UN CONCERT

Sheryl crow.

Sheryl Crow.
RENTRER AVEC UN APPAREIL PHOTO ?! TU CROIS QUE... ?
FACILE ... REGARDE CETTE MERVEILLE : MICROBOÎTIER NUMÉRIQUE ...
... ULTRA-OVER-PLAT !
GÉNIAL ! IL TIENT PILE DANS MON PORTE-MONNAIE !
SHERYL EN POSTER AU-DESSUS DU LIT...
MMMMM
MAIS ? ...ET L'OBJECTIF ?
JE L'AI PLANQUÉ DANS MON SLIP.
DANS TON... ?!
T'AS PAS PEUR QUE ÇA FASSE... EUH... UN PEU GROS, SI LA SÉCU TE PALPE ?
CHUT. JE L'AI MIS ENTRE LES FESSES.
Sheryl
AVANCE, BLAIREAU !
KLOUB
NG
Sheryl
ALORS ? IL VIENT, CET OBJECTIF ?! ON VA RATER LE DÉBUT !
J'FAIS CE QUE JE PEUX ...
GNNN

dire straits.

led zeppelin.

joe cocker.

LE VISUEL DANS UN CONCERT, C'EST MÉGA-IMPORTANT...
ÇA FAIT PLAISIR DE VOIR QU'ICI, ON A SOIGNÉ LA CHORÉGRAPHIE...
... QUE LE LIGHT SHOW EST SUBTILEMENT UTILISÉ...
LES COSTUMES SONT...
EUH... SOBRES... COMME IL FAUT...
... PAR CONTRE, AVOIR MIS CE VILAIN BONHOMME PLEIN DE TICS AU MILIEU DE LA SCÈNE !... QUELLE FAUTE DE GOÛT !
UNCHAIN MY HEAARGL

rolling stones.

CE QUI EST DINGUE AVEC LES STONES, C'EST QU'ILS ONT TRAVERSÉ LES GÉNÉRATIONS...

DÉJÀ EN 66, LES GROUPIES EN DÉLIRE SE LAISSAIENT ALLER À TOUTES LES AUDACES...

EN 73, LES GROUPIES EN DÉLIRE SE LAISSAIENT CARRÉMENT ALLER À TOUTES LES AUDACES...

EN 81, LES GROUPIES EN DÉLIRE SE LAISSAIENT FACILEMENT ALLER À TOUTES LES AUDACES...

EN 95, LES GROUPIES EN DÉLIRE SE LAISSAIENT IMPUNÉMENT ALLER À TOUTES LES AUDACES...

« CE QUI EST DINGUE AVEC LES STONES, C'EST QUE LES GROUPIES DE LA PREMIÈRE HEURE SONT TOUJOURS LÀ... ET, FRANCHEMENT, JE CRAINS QU'ELLES NE SE LAISSENT ALLER À TOUTES LES AUDACES.

save the planet.

les boomdeadjoplins.

U2.

ON RECONNAÎT L'HABITUÉ DES CONCERTS, IL AVANCE, SANS SE LAISSER DISTRAIRE...
JOULIS POUSTERS
U2
U2.
INCORRUPTIBLE AUX STANDS PÉRIPHÉRIQUES...
LE PROGRAMME !
PLUS QUE QUELQUES EXEMPLAIRES !!
TRAVERSANT LES ÉPREUVES...
T-SHIRTS !
CASQUETTES !
CHAUSSETTES !!
U2
U2 WORLD TOUR
DROIT DEVANT LUI...
PARAPLUIE OFFICIEL DE LA TOURNÉE !
U2
RIEN NE POURRAIT LE DÉTOURNER...
... DE L'ESSENTIEL
PAS MAL, LA MERGUEZ-U2 !!
OUAIS... ELLE VAUT LA SAUCISSE-ZZ TOP.
CHKROUMF
BIARF
ROT
GLURCH

henri dès.

T'AURAS PAS PEUR QUAND LES LUMIERES S'ÉTEINDRONT ?
NAN, NAN...
SI JAMAIS C'EST TROP LONG, TU DIS À TONTON...
... OK ?
OUI OUI ...
SALUT LES ENFANTS !
SALUUUUUT
WAAA
CHANTEZ AVEC MOI : TOC - TOC - TOC ...
QUI EST LÀÀÀÀ ?
TAPEZ DES MAINS !
BAM
BAM
Boum
CRASH
ZWAP
ZWAP
MA COLLECTION DES ROLLING STONES ...
... CONTRE TOUT HENRI DES.

live.

WAAAAA YEAAAA
Kenny
WAAAA
SALUT!
YAAOOOOW
WAAAA
Kenny
YAAAAAA
PSG
YOHOO
... C'EST LA DERNIÈRE FOIS QUE JE LES PRÉVIENS QU'ON PASSE SUR MTV.
WAAAAAAA YAOOooWW
Jésus t'aime
René t'es un gros naze
Je vends ma volvo 617-5405
Z.

festival.

DES MILLIERS DE PERSONNES QUI SE RASSEMBLENT AUTOUR DE LA MUSIQUE... C'EST UNE EXPÉRIENCE HUMAINE EXCEPTIONNELLE...

NOS CORPS SE FRÔLENT...

ON SENT LA CHALEUR HUMAINE...

ON COMMUNIE PAR LES MÊMES GESTES, COMME SI NOUS N'ÉTIONS QU'UN SEUL CORPS...

ON VIBRE AUX MÊMES RYTHMES...

ON REGARDE DANS LA MÊME DIRECTION.

renouvellement.

CE QU'IL Y A DE BIEN DANS LES FESTIVALS, C'EST QU'ON DÉCOUVRE DE NOUVEAUX TRUCS...

rappel.

POUR RAPPELER L'ARTISTE À LA FIN DU CONCERT, IL NE FAUT PAS AVOIR PEUR DE SE MANIFESTER...
HO!
HÉ!
HÉÉÉ!
... SIFFLER (ÇA, JE SUIS NUL)...
TAPER DES MAINS, DES PIEDS...
CLAP CLAP
CLAP CLAP
CLAP
TUMP
TUMP
TUMP
HURLER...
YAAAAA
S'AGITER DE MANIÈRE ÉTUDIÉE...
HOHOHOHOHO
... SAVOIR S'AVOUER VAINCU.
'POUVEZ ALLER FAIRE L'IDIOT DEHORS ?. ON AIMERAIT FERMER.

rem.

J'AI PU AVOIR DES PLACES POUR REM, CE SOIR !.. TU VIENS AVEC MO AU C
NAN ... NAN
DÉSOLÉ... Y A UN SUPERFILM À LA TÉLÉ.
HEU... TU VIENS AU CONCERT CE SOIR ?
T'ES FOU !?
CE SOIR, Y A 'SEVEN' AVEC BRAD PITT !!
ALORS ? TOI AUSSI, TU PRÉFÈRES BRAD PITT ?!
PAS DU TOUT... PAS DU TOUT...
MAIS EUH ...
JE SUIS PAS TROP CONCERT, CE SOIR ...
T'AS VU ? Y A 'SEVEN' À LA TÉLÉ CE SOIR !
JE SAIS !
QUELLE BANDE DE NAZES... RATER UN CONCERT À CAUSE DE LA TÉLÉ !
... 'ME FONT PITIÉ !

Les techniciens.

réaumur-sébastopol.

the beatles.

CE QUI EST DINGUE À UN CONCERT DES BEATLES ...

... C'EST QUE L'ON N'ENTEND PAS LA MUSIQUE ...

TOUT EST RECOUVERT PAR LES CRIS DU PUBLIC...

C'EST COMME UN JEU, IL FAUT DEVINER LE TITRE...

C'EST VRAIMENT L'HYSTÉRIE TOTALE...

... JUSQU'À LA PUB.

janet jackson.

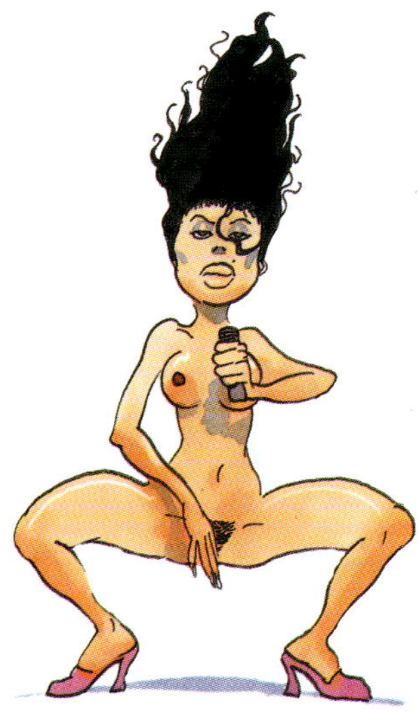

trash.

C'EST PAS DU ROCK.
QUELLE DAUBE...
DE LA MUSIQUE POUR LES GONZESSES...
DU...
MAIS?..
ALORS? CE CONCERT D'EROS RAMAZOTTI?
TROP ROCK
Z.

neil young.

ET NEIL YOUNG ? TU AS VU NEIL YOUNG EN CONCERT ?
SI J'AI VU LE 'LONER' ?..
TU PARLES QUE JE L'AI VU...
YOU AAARE...
...LIKE A HURRICANE
PLIK
HELPLESS HELPLESS HELPLESS
THE NEEDLE AND THE DAMAGE DONE
GLA GLA
CLAC CLAC
HARVEST MOON♫
AAAH, NEIL YOUNG.. QUAND J'ENTENDS SA VOIX, J'AI LA CHAIR DE POULE !
MOI AUSSI ...
... MÊME, DES FOIS, J'ÉTERNUE...
Z.

rave.

BoumBoumBoumBoumBoum
BoumBoumBoumBoumBoum
WC
C'EST MAL FOUTU! LES ECSTASY RESSEMBLENT COMME DEUX GOUTTES D'EAU AUX PILULES LAXATIVES DE MON DOBERMAN ...

bob dylan.

'TAIN !! 3 HEURES DE ROUTE POUR ALLER VOIR UN CONCERT !... J'ESPÈRE QUE ÇA VAUT LA PEINE !
QUAND TU AURAS ENTENDU DYLAN, TU VERRAS LA VIE AUTREMENT ...
MOUAIS ...
C'EST QUOI CE DÉLIRE ?! LES BARRIÈRES SONT À DIX MÈTRES DE LA SCÈNE !!
EN FAIT, C'EST UNE SORTE DE DIEU VIVANT... ON NE PEUT PAS TROP S'APPROCHER...
STAFF
MIND
C'EST QUOI, CETTE DAUBE !? ON COMPREND RIEN !
HA HA ! C'EST DE LA PROVOCATION... IL NE VEUT PAS ÊTRE CATALOGUÉ 'POÈTE'
NAKED
?
?
GÉNIAL !!
C'EST UN JEU DE MOT PAR RAPPORT À UN TITRE DE '65 !
PFUIII
PFUIII
PFUIII
PFUI
PFUI
8 MINUTES DE SOLO D'HARMONICA ! C'EST DE LA TORTURE !!
AH... C'EST DE L'ART BRUT !
QUOI ? C'EST DÉJÀ FINI ???
BEN OUI... C'EST TELLEMENT DENSE QU'IL FAUT DIGÉRER !
BOB DYLAN
HÉ !
ATTENDS ! TU PEUX PAS ME LAISSER RENTRER À PIED !!?
MAINTENANT OUI. ... JE VOIS LA VIE AUTREMENT.

united musiques of pérou.

madonna.

1983...

1989...

1990...

1992...

1998...

... IL ME SUFFIT D'ALLER AUX TOILETTES CHEZ JACQUES-OLIVIER POUR ME TENIR AU COURANT DE L'ÉVOLUTION DE MADONNA.

hip-hop.

C'EST SYMPA... MAIS T'ES SÛR QU'IL EST PAS TROP GRAND ?
MÉGAKIFF !
'TOUTE FAÇON, TU PEUX PAS ALLER AU CERCON DE 2D RATAMER AVEC TON VIEUX LEVI'S ...
... BROTHER
C'EST L'OPPRESSION DU SYS
TEM
QUI TE DONNE LA
HAINE
ÇA SEKOUSS PLUS QUE LE ROCK, HEIN !?
MONTRE TON STYLE MONTRE TON STYLE
MARRANT ! IL FAIT MONTER LES GENS SUR SCÈNE !
BEN OUAIS... C'EST LE CONTEST DE FIGURES...
TOI AUSSI, KEUM ! MONTRE TON LEUSTY !
HÉ ?
QUE...
MONTRE TON.....
NAN... MAIS...
...C'EST À CAUSE DU LONPANTA ... EUH..
SUPER-AUDACE, BROTHER... LA FIGURE VA PEUT-ÊTRE PORTER TON NOM ?!!
NIQUE TA GUEULE !

bruce springsteen.

festival ethno.

trophées.

DE CHAQUE CONCERT, J'ESSAIE DE RAMENER UN SOUVENIR...

J'AI LE MÉDIATOR DE BRUCE SPRINGSTEEN...

UN MÉGOT DE KEITH RICHARDS...

MON POCKET PULVÉRISÉ PAR PRINCE...

LE MOUCHOIR DE BOB DYLAN...

UN CHEVEU D'ELTON JOHN (TRÈS RARE)...

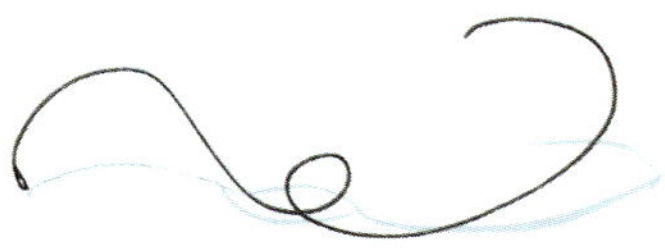

UN FRAGMENT DE LA GUITARE DE SLASH...

...N' IMPORTE QUOI, MAIS IL FAUT QUE JE RAMÈNE QUELQUE CHOSE...

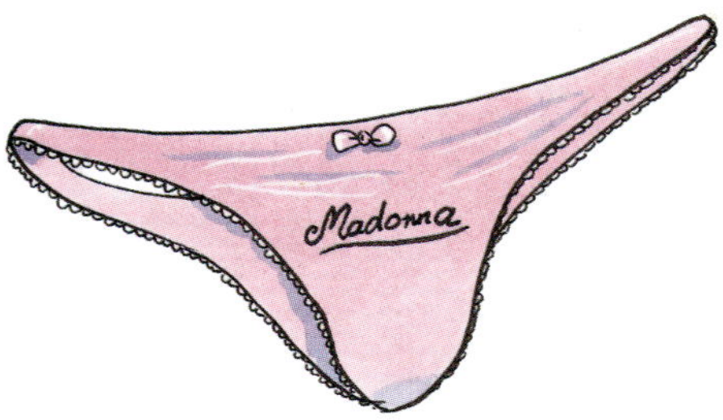

... C'EST PLUS FORT QUE MOI.

alanis morissette.

supertruc.

AVEC UN BON BUDGET-BOISSONS,
C'EST SUPERFACILE D'ÊTRE TOUT DEVANT...

ATTENTION : POUR CONSERVER LA
PLACE, IL FAUT AUSSI UNE SUPERVESSIE !

Précautions.

tampons.

DE PLUS EN PLUS, À L'ENTRÉE DES SALLES, ON DISTRIBUE DES TAMPONS POUR LES OREILLES...

C'EST PRATIQUE QUAND ON A LE RHUME...

ON PEUT S'AMUSER EN ATTENDANT LE CONCERT...

...PENDANT LE CONCERT, AUSSI.

ÇA AIDE POUR LES RENCONTRES...

ON PEUT SE FOUTRE DE CEUX QUI LES METTENT DANS LES OREILLES...

ATTENTION TOUTEFOIS, CAR ÇA NE FILTRE QUE LES AIGUS...

retour de concert.

... C'EST LE JOUR OÙ J'AI DÉCIDÉ D'ACHETER UNE VOITURE.

live aid.

ON M'A EMMENÉ AU CONCERT POUR LE TIERMONDHISTAN...
BENEFIT-CONCERT
C'EST GÉNIAL, TOUS CES GENS CONSCIENTISÉS !!
OUAIS
... J'VEUX DIRE
T'ES SÛR QU'IL FALLAIT VENIR 3 HEURES À L'AVANCE ?!
C'EST POUR AVOIR DES BONNES PLACES.
IL PLEUT, MAINTENANT !
PENSE AUX TIERMONDHISTANAIS ... ILS SERAIENT HEUREUX !
OUAIS.
C'EST QUI, CE NAZE ?
BEN...
IMAGINE ALL ZE PIPOL
... ÇA VA ÊTRE MIEUX APRÈS !
PHIL COLLINS N'A PAS PU VENIR... MAIS IL EST REMPLACÉ PAR LES SYMPATHIQUES WONDERBOYS !!
TIERMONDHISTAN
Y A DES ENFANTS
NOOOON, C'EST DE PIRE EN PIRE !
OUI, MAIS ILS SONT VENUS BÉNÉVOLEMENT...
AU TIERMONDHISTAN, LA SITUATION RESTE PRÉOCCUPANTE ...
QUOI ? APRÈS TOUT CE QUE J'AI ENDURÉ POUR EUX !!! ILS SE PLAIGNENT ENCORE !??

eric clapton.

CLAPTON, COSTUME TRÈS SOBRE, EST EN GRANDE FORME, CE SOIR...

VOIX ROCAILLEUSE À LA CURTIS MAYFIELD, JEU DE GUITARE INSPIRÉ...

C'EST DIEU À LA SIX-CORDES!

ET VOICI BUDDY GUY ET TINA TURNER QUI LE REJOIGNENT POUR UN TITRE...

WAA! UNE VERSION ÉPOUSTOUFLANTE DE 'LAYLA'...

...LES MILLIERS DE FANS QUI ONT BRAVÉ LES EMBOUTEILLAGES NE SONT PAS DÉÇUS, CE SOIR!.. MAIS, TOUT DE SUITE, UNE INFO ROUTIÈRE

hard.

À 13 ANS, JE N'ÉCOUTAIS QUE DU HARD ROCK...
BLACK SABBATH !
IRON MAIDEN !
JUDAS PRIEST !
DEAD METAL CARNAGE !
VIRGIN SACRIFICE !
TSSS
JE NE RATAIS AUCUN CONCERT...
C'EST À LA SUITE D'UN DIFFEREND AVEC MA MAMAN...
LED-ZEPPELIN
dead carnage
IRON MAIDEN
motorhead
BEN...
LES MECS ?
DEEP PURPLE ?
VAN HALEN ?
EUH..
OUARF
ARK
... QUE JE ME SUIS INTÉRESSÉ AU JAZZ.
POUËT

the wailers.

LE REGGAE , C'EST CHIANT...
GET UP STAND UP
MAIS EN LIVE, IL Y A QUELQUE CHOSE D'ENVOÛTANT...
UN JE-NE-SAIS-QUOI QUI VOUS TRANSPORTE...
ON DÉCOLLE POUR KINGSTON...
LIBRE COMME UN TIGRE JAMAÏCAIN...
HÉ!
C'EST DÉCIDÉ, DEMAIN J'ARRÊTE LES WAILERS.
STAFF

projectiles.

ac/dc.

LES RIFFS D'ANGUS YOUNG FONT DE MOI UN AUTRE HOMME ...

JE JUBILE ... J'EXULTE ...

JE DEVIENS UN MONSTRE ASSOIFFÉ DE ROCK ...

UN REBELLE , UN MAUVAIS GARÇON ...

UN JAMES DEAN DÉCIBÉLISÉ, UN HORS-LA-LOI ...

... JE VOUDRAIS QUE ÇA NE S'ARRÊTE JAMAIS.

jean-pierre band.

À CHAQUE CONCERT, PETE TOWNSHEND ÉCLATAIT SA GUITARE...

JERRY LEE LEWIS PULVÉRISAIT SON PIANO...

JIMI HENDRIX INCENDIAIT SA FENDER...

LES DOORS DÉMOLISSAIENT LEUR MATÉRIEL...

... À CHAQUE CONCERT, JEAN-PIERRE CASSE UNE CORDE.

classique.

LE CLASSIQUE, C'EST PAS MA TASSE DE THÉ ...
EUER LIEBDEN
MAIS IL FAUT ÊTRE OUVERT À TOUT...
SEHEN VORTRESSLICH AUS
ET TOUS CES GENS SI BIEN HABILLÉS SE DONNENT BEAUCOUP DE PEINE...
TSAM
POUET
COIIN
ZOOIN
ÇA DOIT ÊTRE UNE QUESTION D'OREILLE...
Ô DU MEINE LIEBE
NATÜRLIIIICHHH
ACH
HIGHWAY TO HELL!
DVVV' DVVV'
IL FAUT Y ALLER PROGRESSIVEMENT...
LA PROCHAINE FOIS, J'ESSAIE SANS WALKMAN ...

engagé.

LE ROCK A TOUJOURS ÉTÉ UN BON MOYEN DE FAIRE PASSER SON MESSAGE...
JESUS IS THE LORD!
MICHAEL JACKSON ...
AIMEZ LES BALEINES, LES ARBRES, LES PETITS LAPINS ...
LES ORNITHORYNQUES SONT NOS AMIS ...
STING...
RESPECT RAONI
REFFPECF MY PFFIPFL
HE MEANS "RESPECT MY PEOPLE"
BOY GEORGE ...
RESPECT LOVE
RESPECT MY ASS ...
JAMIROQUAI...
RESPECT OCEANS!
STOP NUCLEAR!
... FUMEZ LES ALGUES
... TOUT LE MONDE S'Y MET
RESPECT THE CONCIERGE STOP PISSING À CÔTÉ
RITA
KISS
FREEDOM
LOVE
Freddy
Tom
Dominique

pirate.

INCROYABLE ! IL Y EN A ENCORE QUI ESSAIENT DE PASSER AVEC DES MAGNÉTOS...

... OU DISCRÈTEMENT AVEC DES WALKMANS ...

MOI, J'AI UN TRUC VACHEMENT PLUS SUBTIL...

J'ENREGISTRE LE CONCERT SUR MON PORTABLE...

...'FAUDRA JUSTE QUE JE M'ACHÈTE UN RÉPONDEUR RÉGLABLE...

HA! HA! HA! C'EST TROP CON... VOUS ALLEZ RIRE! JE FAIS UN LIVRE SUR LES CONCERTS,.. ET JE COLLE TOUS MES BILLETS...
HE HE
PERDU. JE NE RIS PAS.
STAFF